Ada Christen

Aus der Asche

Ada Christen

Aus der Asche

ISBN/EAN: 9783744684330

Hergestellt in Europa, USA, Kanada, Australien, Japan

Cover: Foto ©ninafisch / pixelio.de

Weitere Bücher finden Sie auf **www.hansebooks.com**

Aus der Asche.

Neue Gedichte

von

Ada Christen.

Hamburg,
Hoffmann & Campe.
1870.

Aus der Asche.

Bei Hoffmann & Campe in Hamburg sind erschienen:

Thl.Sgr.

Ada Christen, Lieder einer Verlorenen. Zweite Auflage .... . — 15
Anakreon's Wein= und Liebeslieder in deutsche Lieder übertragen
    von Emil Seiferheld .... — 15
Constant, W., Gemmen. Erzählende Dichtungen. Min.=Ausg. geb. 1. 3
— Von einer verschollenen Königstadt. 2. Aufl. Min.=Ausg. geb. 2.—
Gottschall, R., Die Göttin. Ein Hoheslied vom Weibe. M.=Ausg.geb. 2.—
Hebbel, Fr., Gedichte .... 1.—
— Mutter u. Kind. Ein Gedicht in sieben Gesängen. M.=Ausg. geb. 1.15
— Die Nibelungen. Ein deutsches Trauerspiel in 3 Abthl. 2 Bde. 2.—
— Demetrius. Eine Tragödie .... 1.—
Heinrich Heine's sämmtl. Werke. Kritische Gesammt=Ausg. 21 Bde. 14.—
— — — Neue wohlfeile Ausgabe. 18 Bände .... 9.—
— — poetische Werke. 4 Bände 8° 3.15
— — Buch der Lieder. 8° .... 1.—
— — — — Miniatur=Ausgabe. geb .... 2.—
— — Neue Gedichte. geb .... 1.—
— — — — Miniatur=Ausgabe. geb .... 2.—
— — Romanzero. 8° .... 1.—
— — — — Miniatur=Ausgabe. geb .... 2.—
— — Deutschland. Atta Troll. 8° .... 1.—
— — — — Miniatur=Ausgabe. geb .... 2.—
— — letzte Gedichte und Gedanken. 8° 1.15
— — Harzreise. Miniatur=Ausgabe .... —.20
— — — do. do. geb .... 1.—
— — Bildniß, gezeichnet von Kietz (auf dem Krankenlager).. 1.15
— — — gezeichnet von Fröblich (Jugendbild von 1827)
    Photographie. Original=Größe .... 2.—
— — — — in Visit .... —.7½
— — Büste, nach einem französischen Original-Relief.
    Photographie. Original-Größe 1.15
— — — — in Visit .... —. 6
Hertz, Wilhelm, Gedichte. Miniatur=Ausgabe. geb 1.15
— Lanzelot u. Ginevra. Episches Gedicht in 10 Gesängen. M.=A.geb. 1.15
Lemcke, K., Lieder und Gedichte 1.15
Schefer, Leopold, Hafis in Hellas. Miniatur=Ausgabe geb .... 2.—
— Koran der Liebe nebst kleiner Sunna. Min.=Ausg. geb.... 2.—
Strodtmann, Adolf, Lieder und Balladenbuch amerikanischer und
    englischer Dichter der Gegenwart .... 1.—
Waldau, Max, Cordula. Graubündner Sage. Zweite Auflage
    mit Stahlstich. geb .... 2.—
— Rahab. Ein Frauenbild aus der Bibel. Min.=Ausg. geb 1.—

Aus der Asche.

Neue Gedichte

von

Ada Christen.

> ....
> Ich muß auf meine Wunden
> Asche streuen.....
> ....
>
> Dranmor.

Hamburg.

Hoffmann & Campe.
1870.

Dranmor,

dem

Dichter des „Requiem"

verehrungsvoll gewidmet.

Inhalt.

Nachklänge.

	Seite
Gefallene Engel	3
Daheim	4
Einst	5
Wiedersehen	6
Zorn	8
Vermälte	9
Altes Lied	10
Mitleid	11
Zu spät	12
Asche I—IV	
Wie sie lodern, wie sie beben	13
Im Kamin lag grau die Asche	14
Wilde, ungeberd'ge Flammen	15
Todte Liebe, — kalte Asche	16
Entweiht	17
Finis	18

Gebet.

Gebet	21

Sternlos.

	Seite
Alte Feinde I–IV	
Wie mit einem einz'gen Schlag	25
Ei, wie mächtig und bezwingend	26
Wie so kleinlich, wie erbärmlich	27
Wohl könnt Ihr mäkeln jetzt an Wort und That	28
Dem Freunde	29
Visionen I, II	
Es zuckt durch meine Seel' ein Blitz	30
Wesen, kleines, längst verklärtes	31
Fluch	32
Biedere Hausfrauen	33
Umsonst I, II	
Ich sehne mich aus dem dumpfen Weh'	34
Freilich sah vorbei ich fluthen	35
Mein Lied	36
Gegenüber	37
Mariechen	38
Dem fremden Freunde	39
Einem Dichterlein	40
Verwandte	41

Wandernd.

Auf den Bergen	45
Gewitternahen	46
Ein Aufathmen I–III	
Grüne Tannen, bunte Blumen	47
Wie in süßen Morgenträumen	48
Fremder Menschen bunte Massen	49
Abendlied	50
Am Teich	51
Im Dorfe	52
Prag. Auf dem jüdischen Friedhofe	54

	Seite
Allein!	55
Auf dem Meere	57

Nesseln.

Goldschnittlyrik	61
Im Frühling	62
Auf Ruinen	63
Mene — Tekel	64
La Comtesse	65
Mutterliebe	66
Belle Hélène	67
Parvenu	68

Nachtbild.

Nachtbild	69

Letzte Lieder I—IX.

Schwarz und still in meinem Haupt	79
Ist es Friede, ist es Glück	80
Durch die dicht verhängten Fenster	81
Über meinem Lager hängt	82
Der alte Kampf ist ausgekämpft	83
Leg' auf mein Haupt, so fieberheiß	84
Rasch durch das dunkle Zimmer huscht	85
Es pfeift der Wind sein frostig Lied	86
Leg' Du mich in den Sarg hinein	87

Nachklänge.

Was einmal tief und wahrhaft Dich gekränkt,
Das bleibt auf ewig Dir in's Mark gesenkt.

         Lenau.

Gefallene Engel.

Es ist die alte finst're Mähr
Von zwei Vermaledeiten,
Die ohne Rast und ohne Ruh
Fort durch die Hölle schreiten.
Von Zweien, die voll Hochmuth einst
Verschmäht des Himmels Frieden,
Und eine Seligkeit hindurch
Sich fremd und stolz gemieden;
Von zwei Vermaledeiten, die
So fern nun allem Reinen,
Sich suchen, finden, halten, ach!
Und weinen — weinen — weinen!

Daheim.

In Deinem düstern Zimmer steh' ich wieder,
Vom Fenster hauchen schwül die Blumendüfte,
Die Sterne schauen groß und ruhig nieder
Und müde Töne zittern durch die Lüfte.

Ach! tiefe Wehmuth folgt dem Lied dem langen,
Ich fühle klar, was einstens ich nicht kannte,
Als schweigend hier mit demuthsvollem Bangen
Ich harrte Dein — der mich in's Leben sandte.

Mich dünket, wieder müßt' ich Dich gewahren
An diesem Ort, wo Du so viel verschuldet,
Als bräche heiß hervor nach dürren Jahren
In Thränen hier — was draußen ich erduldet.

Einst.

Ach wie war es leer und schaurig,
Als ich einst die Straßen zog,
Lebensmüde, sterbenstraurig,
Still mich in Dein Fenster bog.
Als ich dann mit dumpfem Weinen
Auf der Schwelle niedersank,
Von den eis'gen Marmorsteinen
Glühend heiße Tropfen trank.
Bangte Dir, daß sie mich fänden? —
Doch Du hast mich nicht geschaut —
Denn es ward von Priesterhänden,
Fern, ein Weib Dir angetraut.

Wiederſehen.

In bangen Nächten, wenn der graue Wahnſinn
Mit dürren Fingern an das Hirn mir pochte,
Wenn glüh'nde Thränen meine Kiſſen netzten,
Mein wildes Herz vor Zorn und Sehnſucht kochte —
In ſolchen Nächten war mir der Gedanke,
Daß Du noch lebſt, daß ich Dich wiederſehe,
Ein Stern, nach dem ich zitternd hob die Hände —
Und trotzig weiter ſchleppt' ich dann mein Wehe.

Ich ſah Dich wieder — wieder plötzlich flammten
Sie alle auf, die alten Wahnſinnsgluthen,
Der wilde Zorn, der Schmerz, die herbe Liebe —
Es war, als müßte ich vor Dir verbluten.
Du aber ſtandeſt mit dem argen Lächeln,
Das mir bekannt aus gottverfluchten Tagen;
Der fahle Blick macht mir das Herz erſtarren:
Es war ein freches, antwortſich'res Fragen!

Und Deine Hände streckten fieberglühend
Sich plötzlich so begehrend mir entgegen,
Und mehr und mehr sah ich Dein Bild erblassen,
Das mich begleitet einst auf allen Wegen:
„Das ist er nicht!" schrie es in meiner Seele,
„So war er nie, so kann er nimmer werden."
Wofür wär' meine Seligkeit verspielet,
Wofür wär' ich verflucht — verflucht auf Erden! — —

Zorn.

Reize mich nicht — o reize mich nicht!
Ich könnte sonst vergessen,
Wie viel ich thörichte Liebe für Dich
Und Selbstverleugnung besessen!

Ich könnte vergessen, was ich Dir galt
Und was ich um Dich gelitten,
Drum reize mich nicht — o reize mich nicht,
Zur Stunde kann ich noch bitten!

Doch wehe! wenn ich es nicht mehr kann,
Dann kenn' ich kein Zögern und Schwanken,
Du weißt, wenn meine Lippe zuckt,
Dann morden die bösen Gedanken.

———

Vermälte.

O sieh', wie von der Wahrheit Wort
Die kalten gift'gen Nebel schwanden,
Gesegnet sei der Tag hinfort,
An welchem wir uns wieder fanden.
Wie lange hielt uns Menschen Trug
Und stolzes Schweigen dumpf umfangen,
Wie hemmten wir der Seelen Flug,
Die zweifelnd in dem Dunkel rangen.
Und stehen wir uns weltenfern,
Ist auch vergeudet unser Leben,
Ich habe jedes Leid doch gern
Aus tiefstem Herzen Dir vergeben.
Es ist des Glückes letzte Huld,
Das wir uns heut' die Hände reichen;
Wir büßen ja die alte Schuld,
Gekettet an lebend'ge Leichen.

Altes Lied.

Alter Text und alte Weise —
Wie das durch mein Leben zog,
Und so wehmuthsvoll und leise
Mir den Himmel nieder log.
Fast vergessen pocht es wieder
An das eingewiegte Herz,
Und der erste Ton ist wieder,
So wie einst, ein leiser Schmerz.

Mitleid.

Vergieb mir, daß der Schmerz aus alten Tagen
Das kranke Herz mir konnte wild verbittern
Und seine rührend kindlich-bangen Klagen
In heiser-schrilles Lachen mir zersplittern.

Ich liebte Dich und wähnte Dich zu hassen,
Als all' die Andern Dir zu Füßen lagen;
Nun da Du alt geworden und verlassen,
Erfasset mich ein unerklärbar Zagen.

O würdest Du wie einst, voll trotz'gem Wagen,
Voll Jugend-Uebermuth mein Herz zerfleischen,
Viel leichter als die Blicke würd' ich's tragen,
Die unbewußt nur tiefes Mitleid heischen.

Zu spät!

Uns're Schiffe willst Du lenken
Nun nach einem gleichen Ziel?!
Fern Dir, losgerissen treib' ich,
Längst der wilden Stürme Spiel.
Fürchte Du das böse Zischen,
Kalte Grollen, fürcht' das Meer,
Lass' mich ringen mit den Wogen,
Einsam, haltlos, ohne Wehr!
Bleibe still und unbekümmert
Ferne mir und nah' dem Strand,
Bald entsinket ja das Ruder
Meiner kraftlos müden Hand —
Oder — stürze muthig nach mir,
Wenn mein Fahrzeug untergeht —
S t e r b e n können wir zusammen,
Doch zum L e b e n ist's zu spät!

Asche.

I.

Wie sie lodern, wie sie beben,
Still verglimmen und verweh'n —
Und ein Stück von meinem Leben
Seh' in Asche ich vergeh'n.
Weiche, goldig-blonde Locken,
Manche Blume, die da schlief,
Es zerstirbt in Aschenflocken
Mancher alte Liebesbrief.
Welches Glück die Worte brachten,
Diese Phrasen, — Gott erbarm'!
Wie sie **heiß** den **Kopf** einst machten —
Heute wird die **Hand** kaum **warm**!

II.

Im Kamin lag grau die Asche,
Und ich saß, nachdenklich schürend,
In dem letzten tauben Reste
Nach verborg'nen Gluthen spürend.
Und es flammte aus der Asche,
Wieder helle Funken sprühend,
Eine halbverglomm'ne Kohle
Und zersplitterte verglühend.
Und es flüstert in der Asche:
Warum tödtest Du, berührend
Was noch aufflammt, Dir zur Leuchte,
Dich aus Nacht und Kälte führend? ....

III.

Wilde, ungeberd'ge Flammen,
Die sich suchen und verstecken,
Wie sie zischeln, wie sie schmeicheln
Und sich schlängeln und sich necken;
Wie sie prasseln, knistern, jubeln,
Sich verfolgen und umschlingen,
Wie sie zu dem heißen Reigen
Ihre lockern Lieder singen!
Wie sie endlich glühend züngeln,
Jauchzend hoch und höher schlagen,
Mit den schlanken rothen Armen
Gierig in einander ragen!
Welches glühend frische Leben
Seh' ich in den Flammen treiben —
Und nichts als ein Häuflein Asche
Soll von all' den Gluthen bleiben?....

IV.

Todte Liebe, — kalte Asche!
Armer, längst zerstob'ner Traum —
Wie ein geisterhaftes Mahnen
Weht es durch den öden Raum!
Oft ist mir, als müßt ich hüten
Dich, wie einst, mein sterbend Kind —
Doch ein Luftzug — und die Asche
Fliegt hinaus in Nacht und Wind!

Entweiht!

Fern sei es mir, daß spottend ich
Nach Dir, zerfall'ne Gottheit, zeige,
Wenn ich auch nimmer gläubig mich
Vor Deiner Macht in Demuth neige.
Du stehst mir schmerzvoll, menschlich-nah,
Stehst menschlich-schwach an meiner Seite.
Ich schaue nun, was ich nicht sah,
Als Du in mystisch-ferner Weite!
Ernüchtert starr' ich zu Dir hin,
Und such' die schmerzgefeiten Züge,
Und schau: so elend wie ich bin,
Bist Du — durch Menschenlieb' und Lüge!

finis!

O, wende ab Dein Angesicht,
Das thränenfeuchte, schmerzenbleiche,
Die Thränen wecken Todte nicht,
Und Du knieest hier vor einer Leiche.
Fleh' nicht mit gellem Jammerschrei:
„Nur eine Stunde soll sie leben!"
Es ist vorbei, — es ist vorbei —
Das fühlst Du durch die Seele beben.
Du suchtest Freude hier und Lust,
Der todten Jugend süße Namen;
O Mann! — schau' in die öde Brust —
Und Du verstehst mein „Nein," mein „Amen!"

Gebet.

Gebet!

Urewiger!
Unendlicher!
Du hörst das Schreien
Der ringenden Seele.
Zu Dir geflüchtet
Bin ich in Stunden,
Wo Dir entfremdet
Und Dich verhöhnend,
In Schmutz und Sünde
Sich Jene wälzten,
Die gestern lobpriesen
Dein heiliges Wort,
Die morgen wieder
Vor Deinem Kreuze
Im Staub sich winden,
Ein heiliges Antlitz
Und heilige Sitten
Frommlächelnd zeigen. —
O ewiges Wesen
Barmherzig bist Du,
Du bist milde,
Göttlich, gütig! —

Ich glaube an Dich,
Ich hoffe auf Dich,
Und wenn auch versinkend,
Ruf ich zu Dir!
Du hörst dies Rufen.....
Der Krämerseelen
Erbärmlich Winseln
Dringt nicht an Dein Ohr:
Doch dort, wo Jammer
Und große Schuld
Vor Dir sich beugen
In schmerzlicher Reue,
Dort, wo beladen
Mit menschlichem Elend,
Von Dir ein Wesen,
Sündenmüde,
Lebensmüde,
Erlösung heischt,
Dort wirst Du hören, —
Denn Du bist Gott!

Sternlos.

Es ist gewitzigt nun, was ihr mißhandelt,
Des Dichters Herz, das Keiner unterjocht,
Seit es gepanzert euch entgegenpocht,
Seit es, wie eure, sich in Erz verwandelt.

Dranmor.

Alte Feinde.

I.

Wie mit einem einz'gen Schlag
Ist die Welt um mich verwandelt,
Lächelnd kniret Tag um Tag,
Was mich einst so schlecht behandelt.
Heute reichet mir die Hand,
Was einst Schmähungen gesendet,
Heute naht im Festgewand,
Was sich einst von mir gewendet.
Euer Haß war die Gewalt,
Die mich einst hinausgetrieben —
Aber unbewegt und kalt
Läßt mich heute Euer Lieben!

II.

Ei, wie mächtig und bezwingend
Dünkt Euch fast ein einzig Wort,
Glaubt Ihr wohl, es nehme plötzlich
Jahrelanges Elend fort?
Ei, versucht des Wortes Allmacht
An dem Meer, das wild empört,
Sturmgepeitscht so düster grollet,
Ob es Euer Wort beschwört.
Und Ihr wähnt, das Herz, das wilde,
Das die Bitterkeit gestählt,
Macht ein mildes Wort vergessen,
Wie Ihr es gepeitscht — gequält?!

III.

Wie so kleinlich, wie erbärmlich
Beugt Ihr Euch vor meiner Macht,
Vor den Herzblut-Purpursetzen,
Vor der Dornenkrone Pracht.
O, ich hör's, aus Eurem Lobe
Zuckt der alte Spott, die Schmach,
Denn Ihr könnt es nimmer glauben,
Daß ich meine Ketten brach;
Ich zerbrach sie doch! O glaubet,
Meine Selbstverachtung schwand,
Als ich Euch so feig, so hündisch,
So verachtungswürdig fand.

IV.

Wohl könnt Ihr mäkeln jetzt an Wort und That,
Könnt mich verdammen, seht, es rührt mich nimmer;
Ich hasche nicht nach Eurem feilen Rath
Und morscher Tugend fahlen Moderschimmer!
Ich trachte nimmermehr nach Eurer Lieb',
Ich werde liebearm und einsam schreiten,
Doch jene Waffe, die einst fort mich trieb,
Sie wird nun stumpf von meinem Panzer gleiten.
O, ich war elend! — jeder böse Zug
In Euren kalten Larven mahnt mich wieder,
Wie Jeder von Euch tückisch nach mir schlug,
In mir vernichtet meine reinsten Lieder!

Dem Freunde!

Mir ist so weh! ein thränenloses Weinen,
Es will mir fast die Brust zersprengen,
Schau' ich die Schmerzen, die gleich gift'gem Thaue
Dir Lebensmuth und Kraft versengen.

Was weiß die Welt von Deinen tiefen Leiden,
Die bitter durch Dein Lachen klingen,
Sie kennet nimmermehr des Halbbefreiten,
Des stolzen Geistes wirres Ringen!

Doch mir ist weh! ein thränenloses Weinen
Hebt mir die Brust, in Deinem Herzen
Da schaue ich die Kämpfe gleich den meinen,
Da fühl' ich Schmerz von meinen Schmerzen!

c.

———

Visionen.

I.

Es zuckt durch meine Seel' ein Blitz
Mit gelben unheimlichen Flammen,
Er leuchtet wie der Verzweiflung Witz,
Er zischet wie kaltes Verdammen,
Er zeigt mir in seinem fahlen Licht
Nur einen einz'gen Gedanken:
Ich seh' ein weißes Todtengesicht
Auf dem Wasser im Sturme schwanken!
Und immer taucht es wieder empor,
So weiß — so schön — so erhaben! . . .
O, daß es öde wär', wie zuvor,
In der Tiefe Alles begraben! —

II.

Wesen, kleines, längst verklärtes,
Stern in meines Lebens Nacht,
Reingeliebtes, heißentbehrtes,
Sprich zu mir im Traume sacht!
Schlinge Deine kleinen Arme
Um die Brust so glückberaubt,
An mein Herz, das lebenswarme,
Leg' Dein todtes kaltes Haupt!

Fluch.

Ein Liebesfluch hat Euer Band gewoben,
Mit Reuethränen ist es heiß benetzt;
Ob auch des Lebens Stürme trennend toben,
Ob Elend geißelnd auseinanderhetzt,
Ob Ihr verachtet oder glückgehoben,
Ob Zorn, ob Rachelust die Brust zersetzt,
Ob Ihr zu hassen frevelnd mögt geloben:
Der alte Fluch besiegt Euch doch zuletzt.

Biedere Hausfrauen.

Soll ich es nochmals wiederholen?
Ihr habt mich ja so oft gefragt,
Und tausend Mal hab' ich auf Ehre
Die volle Wahrheit Euch gesagt. —
Ja, ich bewund're Eure Tugend,
Und ich bewund're Eure Kinder,
Bewund're Eure magern Mägde,
Bewund're Eure fetten Rinder;
Bewund're mehr noch Eure Männer,
Bewund're Eure kluge Stummheit,
Bewund're Eure feine Wäsche —
Beneide Euch um Eure Dummheit.

Umsonst!

I.

Ich sehne mich aus dem dumpfen Weh
Nach jenen unseligen Tagen,
Wo meine Seele, so riesengroß,
Riesenschmerzen getragen!
Oft fürcht' ich fast, Ihr habet geahnt,
Wenn Schmerz und Trotz erst gewichen,
Könnt Ihr mich tödten, elendklein,
Mit tausend Nadelstichen!

II.

Freilich sah vorbei ich fluthen
All' die jammervollen Stunden,
Freilich sind die alten Schmerzen
Durchgekämpft und überwunden!
Freilich hab' vor Euren Herzen
Ich Vergebung nun gefunden —
Aber ich muß doch verbluten,
Schmerzlos an den alten Wunden!

Mein Lied.

Einschneidend ist mein Lied und peinlich,
So frostig wie die Winternacht,
Es hätte sonst nach mir wahrscheinlich
Manch' Thörin Aehnliches gebracht;
In Versen rauh und lebensfeindlich,
Wie ich geweint, geflucht, gelacht,
So derb-unkünstlich, geistig-kleinlich,
So tief gefühlt und — seicht gemacht.

Gegenüber!

Das ist ein Kichern, ein Jubeln und Lachen,
So kindlich heiter und kindlich warm,
Es schäkert drüben am Fenster die Mutter,
Ihr jauchzendes Kindlein im wiegenden Arm.

Und wie sie so tänzelt und singend scherzet,
Das kleine Wesen so innig küßt,
Da fühlt sie, es ist ihr Eines und Alles,
In dem sie das Glück und die Zukunft begrüßt.

O, glückliche Mutter! — Vor Noth und Schmerzen
Behüte Dein Kindlein treu und lind —
Es giebt auf der Erde manch' einsame Mutter
Und unter der Erde — manch' liebes Kind!

Mariechen.

Ich schaute ganz wie Du als Kindlein aus,
Nur etwas bleicher waren meine Wangen
Und wurden roth wie Deine, wenn im Haus
Wir polternd über Tisch und Stühle sprangen.

Die Augen waren auch so blau und rein,
Die Locken fielen d'rauf wie gold'ne Fädchen,
Doch liebte Niemand mich, als ich noch klein —
So innig wie ich Dich, Du kleines Mädchen!

Dem fremden Freunde.

Es war Dein Wort ein blitzend Schwert,
Das für mich stritt;
Es war Dein Wort der Seele Schrei,
Die für mich litt.
Die herbe Thräne war Dein Wort,
Geweint um mich;
Ein guter Engel war Dein Wort,
Der nimmer wich!
Dein Wort, es gab mir neuen Muth,
Es drang befreiend stolz zu mir;
Du Fremder, sieh mein schlichtes Wort,
Es dankt zu tausend Malen Dir!

Einem Dichterlein.

O, säng' ich doch von Veilchenduft,
Gleich Dir von Lieb' und Mondenschein,
Von Waldesgrün und Himmelszelt,
Von Frühlingspracht und Vögelein!

Du säuselst laue Treibhausluft
Und weinst gewärmte Thränelein,
Und meinst, es müßt' die ganze Welt,
Nur weil Du klagst, auch kläglich sein.

O, honigsüßes Dichterlein,
Der Du aus Büchern dichten lernst
Und flau besingst, was stets Dich mied:
Des Lebens echten Schmerz und Ernst.

Und doch! säng' ich so zierlich fein
Gelernten Schmerz, geles'ne Lust,
Nicht spräng' mir jedes kleine Lied
Ein blutig Mäuslein aus der Brust.

Verwandte.

Ihr seid beleidigt, weil ich nicht
Gerührt in Eure Arme stürze
Und das Verzeihungs=Arangement
Mit keiner Reuescene würze.
Ich flehte nicht, Ihr selber seid
Nun plötzlich gnädig mir gewogen;
Doch legt die Gnadenmienen ab,
Schaut, welche Kluft Ihr einst gezogen.
Setzt nur herüber kühnen Sprungs,
Seid einmal menschlich=unbesonnen....
Brecht Ihr auch das Genick dabei,
Hat Welt und Hölle nur gewonnen.

Wandernd.

Edelweiß und Raute spenden
Müden Wand'rern würz'ge Düfte,
Aber scharf und schneidend wehen
Selbst im Sommer hier die Lüfte.

Carl von Thaler.

Auf den Bergen.

Freu' Dich nicht des blauen Himmels,
Bist Du noch so harmlos, Kind?
Fühlst Du's nicht? durch Erd' und Himmel
Zieht gewitterschwüler Wind!
Trau' nur nicht der Himmelslüge,
Nicht dem Sonnenlächeln trau',
Denn es regnet, weinet innen —
Nur nach außen lacht es blau!

Gewitternahen.

Bleischwer drückt die Nacht auf mich,
Wolken jagen rasch vorüber,
Trübe schon und immer trüber
Hüllt der Mond in Nebel sich.

In den Zweigen ächzt der Wind
Und es rauschen scheu die Blätter,
Bald vom dumpfen nahen Wetter
Ausgelöscht die Sterne sind.

Unkenruf im nahen See
Und im Gras ein leis' Geflüster;
Öde starrt der Himmel, düster —
Weint er stumm — ob unserm Weh?

Ein Aufathmen.

I.

Grüne Tannen, bunte Blumen,
Blauer Himmel, Luft und Duft,
Silberhelle Wasser rieseln
Aus der grauen Felsenkluft.

Helle Sonnenlichter zittern
Spielend auf dem feuchten Grund,
Und der Vögel heimlich Zwitschern
Gleicht dem Wort aus liebem Mund.

Grüne Tannen — kleine Vögel,
Ach, — ihr kennt ein Zauberwort — —
Euer Rauschen, euer Zwitschern
Scheucht die alten Schmerzen fort!

II.

Wie in süßen Morgenträumen
Liegt vor mir ein kleines Haus,
Blüthenweiße Bäume strecken
Winkend ihre Äste aus.

Liebes, lang' entbehrtes Grüßen
Ist der Lerche jubelnd Lied,
Das wie klingend helles Strömen
Ob dem Haupte wirbelnd zieht.

Kleines Haus und Blüthenbäume,
Ich versteh' den Zauber nicht;
Doch er spricht zum dunklen Herzen
Und es wird d'rin wieder Licht!

III.

Fremder Menschen bunte Massen,
Fremder Sprache milder Laut,
Große Häuser, helle Straßen,
Selbst der Himmel heller schaut.
Seltsam fremd, wie nie besessen,
Klingt mir hier der Name mein,
Auch mein Herz lernt hier vergessen,
Lernt vielleicht hier glücklich sein.

Abendbild.

Grau der Himmel, grau die Erde,
Grau das weite dürre Land,
Sonn'verbrannte nied're Sträucher,
Schwarzer Sumpf und heißer Sand;

Doch schon weben in der Ferne
Abendnebel, dünn' und leicht,
Ihre grauen feuchten Schleier
Und die träge Stille weicht.

Denn ein mildes kühles Lüftchen,
Wie der reine Athemzug
Eines schlafumfang'nen Kindes,
Hemmt der Vögel matten Flug.

Aus den Büschen, still sich regend,
Ein geheimes Flüstern bricht,
Leise klagt's im Sumpf und silbern
Spiegelt sich das Mondenlicht. —

Am Teich.

Ich' kenne dich, du schwarzer Teich,
Genau weiß ich den Tag,
Als eine Todte still und bleich
An deinem Rande lag;
Und als der Pöbel scheu und stumm
Sich langsam nahte dir
Und abergläubig, feig und dumm
Bekreuzte sich vor ihr;
Als eine Hand den schönen Leib
Mit Haken an sich riß —
Der rohe Hauf' das todte Weib
Ein gottverdammtes hieß. —
Das starre Antlitz hold und bleich,
Schaut' ich so manche Nacht,
In schwarzen Stunden, schwarzer Teich,
Hab' oft ich dein gedacht.

Im Dorfe.

Richtig da, die alte Scheuer
Steht noch auf derselben Stelle,
Vor der Thüre flammt das Feuer,
Flackert auf, wie einst so helle,

Und wie einst, so heute lagern
Kunstplebejer, Vagabunden,
Blasse Weiber bei den magern
Kindern und bei alten Hunden.

Jubelnd grüßt das längst-vergess'ne,
Jugend-mahnende Gelichter,
Ich erkenne schminkzerfress'ne
Kecke, thörichte Gesichter.

Wüst-poetisch, frierend, hungernd
Finde ich die Altbekannten
Ärmer noch, noch träger lungernd,
Echte Handwerks-Comödianten.

Hinter einem Zaume werden
Sie einst jämmerlich verenden,
Denn es giebt für sie auf Erden
Schon zu viel der Concurrenten.

Habt als Stümper angefangen
Und seid Stümper auch geblieben;
Kirch' und Parlament seit langen
Jenes Handwerk besser trieben.

Prag.

Auf dem alten jüdischen Friedhofe.

Sinnend stand ich bei dem Grabe
Rabby Löv's, des jüd'schen Weisen,
Hörte wie im Traum den Führer
Seine todten Ahnherrn preisen.

Und warum, so frug ich staunend,
All' die Juden, groß und kleine,
Auf das Grab mit leisem Murmeln
Werfen bunte Kieselsteine?

Und es wurde mir die Antwort:
„Um zu ehren, ist geboten,
Daß wir Blumen streu'n Lebend'gen,
Steine auf das Grab der Todten."

Von solch' heidnischem Gebrauche
Sind wir Christen längst gereinigt:
Wir bekränzen stets die Gräber
Jener, welche wir gesteinigt.

Allein!

Einsam stand ich auf den Bergen,
Wo der Falke kreischend flog,
Über schneebedecktem Gipfel
Seine stillen Kreise zog.

Einsam lag ich auf der Haide
Wenn die Sonne untersank,
Und der dürre glüh'nde Boden
Gierig feuchte Nebel trank.

Einsam saß ich oft am Meere,
Dessen alter Klaggesang
Bald wild-zornig, bald süß-traurig,
Bald wie dumpfes Schluchzen klang.

Einsam irrt ich durch die Wälder,
Nur die Eul' am Felsenriff
War mein krächzender Gefährte
Und der Wind, der wimmernd pfiff.

Einsam litt ich — aber tröstend
War die hehre Einsamkeit —
Nicht allein trug ich mein Elend,
Die Natur verstand mein Leid!

Doch allein — so ganz alleine —
Abgrundtief von Euch entfernt,
Fand ich mich in Euren Sälen —
Als ich Euch versteh'n gelernt!

Auf dem Meere.

Ausgetobt die wilden Stürme,
Heiter, friedlich glänzt das Meer,
Nichts erinnert an die Kämpfe,
Todesseufzer bang und schwer. —

Eine Kapsel, fest verschlossen
Schaukelt auf dem weißen Schaum
Und der Fischer, sorglos singend
Wirft sie in des Schffleins Raum.

Ist die Kapsel erst zerbrochen,
Liest er von dem gelben Blatt —
Wie viel Schätze, Glück und Leben
Jüngst das Meer verschlungen hat,

Liest, was eines Menschenkindes
Todgeweihte Hand noch schrieb,
Als der Sturm das Fahrzeug näher —
Näher stets dem Abgrund trieb . . . .

Und so gleichet dieses Büchlein
Jener Kapsel, die zum Strand,
Schon versinkend, hülflos schleudert
Eine todgeweihte Hand. —

Nesseln.

Und wenn im Sang des Dichters euch entsetzt,
Was unbekümmert oft euch läßt im Leben,
So darf der Sang den Dichter nicht gereu'n!

Robert Hamerling.

Goldschnittlyrik.

Hübsch gelassen und hübsch zahm
Und der Sitte hübsch gehuldigt,
Die um jedes wahre Wort
Sich zehntausendmal entschuldigt!
Ist der Pegasus auch lahm,
Und gehörnt, anstatt geflügelt,
Trabt er hübsch solid doch fort,
Galoppirt nie — ungezügelt!

Im Frühling.

Soll ich Euch singen das alte Lied
Von Jugend, Frühling und Rosen?
Soll ich Euch schildern mit süßem Wort
Das Sprießen, Knospen und Kosen?
Ihr höret, sehet und fühlt es nicht,
Wenn Dichter auch rührend leiern,
Daß wieder einmal die Wiese grünt,
Die Winterstürme nun feiern.
Als Gottesfriede und Frühlingsluft
Durch alle Welten gezogen,
Habt Ihr, wie am schmutzigsten Wintertag,
Geschachert doch nur und betrogen!

Auf Ruinen.

Heisa lustig! denn das Bersten,
Rieseln, Säuseln hört Ihr nicht,
Höret nicht das leise Knistern,
Das doch so verderblich spricht.

Wenn auch morsch die alten Säulen,
Faul der Boden, trüb' das Licht,
Wenn auch der Parfum der Fäulniß
Prickelnd in die Nase sticht.

Heisa lustig! — auf Ruinen
Lacht und tanzt Ihr hochgeschürzt —
Ei was thut es, wenn der Plunder
Auch sammt Euch zusammenstürzt!

———

Mene — Tekel!

Sitt'ge Mienen, weiße Schminke,
Greller Diamantenglanz,
Halbverhüllte üpp'ge Glieder
Und ein vornehm=freier Tanz.

Tief gesenkte keusche Augen,
Auf den Lippen lockern Scherz
Und französisch=seichte Phrasen,
In der Brust ein leeres Herz;

Schlaffe Züge, welke Lippen,
Näselnd, läppisch=träger Ton,
Pferd und Hunde ihre ganze
Wissenschaft und Passion!

Und das lebt so geistverachtend,
Selbstgenügend, sorglos hin,
Flammt auch auf den gold'nen Wänden:
Mene — Tekel — Upharsin! —

La Comtesse.

Sie kniet mit verschleiertem Antlitz
In der Kirche am Altar,
Erzählt dem geduld'gen Herrgott,
Wie tugendhaft sie war:
Für seine Krieger gesammelt
Hat sie an der Kirchenthür,
Manch' schlanken Jüngling geworben
Und wirbt noch für und für.

Mutterliebe.

Wie bist Du blühend schön und hold,
Die Augen blau, die Flechten gold,
Dein weiches, liebliches Gesicht
Ein frommes, rührendes Gedicht!

Wie bist Du keusch und engelrein,
Gleich einem milden Strahlenschein;
Der Unschuld Zauber Dich umfließt,
Dein ganzes Wesen übergießt.....

Schau' ich dich wieder über's Jahr,
Bist Du des süßen Zaubers bar —
Heut' zählt ja Deine Mutter schon
Für Zukunftsschmach erfeilschten Lohn!

———

Belle Helène!

Belle Helène! belle Helène!
Altberühmte Griechen-Schöne,
Dich bewundern unf're Väter,
Dich verehren unf're Söhne!
Die entblößende Gewandung,
Sie begeistert unsere Schönen,
Unten kurz und oben kürzer —
Wer wird nicht der Mode fröhnen?!
Unsere Frauen, unsere Töchter
Freuen sich der Menelause,
Und die Paris-Studien treiben
Sie sans-gène im eig'nen Hause!

Parvenu.

Forschest Du nach seinem Glauben:
Klimpert er mit den Dukaten,
Fragst Du ihn nach seinem Namen:
Wird er nach dem Deinen rathen.

Stiefelknarrend — Hüftenwiegend
Zeigt die Säle er, die großen,
Und erregt von Zukunftsplänen,
Schleppt er Dich zu seinen Sprossen. —

Klein und schmutzig sind die Jungen,
Grob und protzig, gleich den Alten,
Um die großen krummen Nasen
Zieh'n sie pfiffig-dumme Falten. —

Sprichst Du auch von seinen Freunden
Oder seinen Anverwandten,
Zeigt er nach den Bilderschätzen, —
Prahlt mit fürstlichen Bekannten.

Suchst Du mit poet'schen Worten
Ihm die Seele zu bewegen:
Starrt aus seinen trock'nen Zügen
Dir das gold'ne — Kalb entgegen!

Nachtbild.

Heil dem Lebend'gen, der mit voller Hand
Sich zu den Armen und Verlassenen wendet,
Der seinen Trost aus kühlen Bronnen spendet.
Heil dem Propheten in der Sonne Brand!

Dranmor.

Nachtbild.

Nacht bedeckt den kleinen Friedhof.
In dem dumpfen Leichenhause
Flackert zitternd einer Lampe
Rothe Flamme. — Heiser knarren
Jene Thüren, die das Leben
Sorgsam von dem Tode trennen.
Meine Hand hat sichern Druckes
Sie geöffnet; wie im Schlafe
Aber wandelnd, dacht' ich nimmer,
Sie zu schließen. —
Leise, wie mit Geisterstimmen
Klagt der Wind dort in den Weiden,
Pochet zürnend an die Fenster,
Flüstert mit den kranken Blumen,
Die aus der Verwesung sprießen,
Treibet mit den Wetterhähnen
Auf dem Thurm sein ächzend Spiel,
Flieget wimmernd um das Häuschen,
Daß die Fenster ängstlich klirren

Und die Flamme furchsam zuckt....
Jener bangen rothen Flamme
Schwankend Leuchten schien ein Winken,
Dem ich folgte, traumbefangen,
Und nun steh' ich in dem engen
Schaurig-öden, kahlen Stübchen, —
Ich allein bei einem Todten.

— — — —

Auf zwei Schragen und zwei Brettern
Ruht der Todte, alt und häßlich,
Nur in Lumpen eingehüllet;
Ihm zu Haupte brennt die Lampe,
Deren zuckend rothe Lichter
Öfter wie ein Lächeln gleiten
Über die erstarrten Züge
Des verkommenen Gesellen.
Eine harmlos gläub'ge Hand
Suchte seine wildgeballten,
Nun im Tod gekrampften Hände
Fromm zu falten, wie bei Jenen,
Deren Leben schloß ein Beten. —
Auf zwei Schragen und zwei Brettern
Ruht der Todte, still und einsam,
Schläft den letzten, traumlos, leeren,
Ewigen Schlaf.....

Noch am Morgen jagten Bosheit,
Breit Behagen — dem das Elend
Unverständlich — Rohheit, Kaltsinn
Ruhlos ihn von Thür zu Thüre,
Und des Abends wankte jener
Unglücksel'ge, wie betrunken,
Durch die Straßen. Hunger weinte
Aus den kranken, trock'nen Augen,
Aber Trotz zuckt um die Lippen,
Als die Buben, die ihm folgten,
Näher trabten, um das Unthier
Zu beschauen, das man eben
Auf Befehl der weisen, milden
Obrigkeit von dannen hetzet.
Vagabund! so klingt es lachend
Aus dem Munde wilder Kinder;
Vagabund! so klingt es höhnend
Aus dem Mund der klugen Alten;
Vagabund! schreit roh der Büttel;
Vagabund! so ächzt er selber,
Weitertaumelnd. — — —
An der Straße, bei der Grenze
Todesmüde sinkt er nieder.
Fern verklinget das Gejohle
Jener tugendsamen Meute,

Die ihn hetzte und befriedigt
Von dem Schauspiel heim jetzt kehret
Zu dem Herde. —
Dunkel senket schon die Nacht sich
Nieder auf die stille Erde,
Und es senket auch die Nacht sich
Nieder auf die dunkle Seele
Des Gehetzten, des Verfluchten;
Über seinem armen Antlitz,
Grau, wie Spinngeweb' gebreitet,
Liegen Elend und Verzweiflung.
Stumm umklammert er den Grenzstein
Und starrt finster nach dem einz'gen
Trüben Sterne, der herabschaut,
Auf sein Elend. —
Und es lösen von dem Steine
Los sich seine feuchten Hände
Und sie zucken, zittern, haschen
Nach den dunklen Nebelschatten.
Wild empor sind sie gerichtet,
Eine stumme, fürchterliche,
Himmelstürmend, crasse Drohung,
Wild empor noch schreit der Augen
Gottverneinend herbe Klage.
Aber plötzlich sinken nieder

Seine Arme; es verlöschen
Seiner Blicke letzte Blitze.
Von dem schwarzen Himmel knisternd
Fällt der einz'ge Stern hernieder,
Und ein Windstoß, zaust die Haare
Einer Leiche . . . . .

— — — — —

War es wie bei jenen Geiern,
Die da wittern, wo das Aas liegt,
Das sie nährt sammt ihren Jungen?
War es des Geschäftes Eifer,
Der ihn trieb, Dich aufzusuchen?
Denn es fand Dich, der berufen,
Sich zu nähren von den Todten,
An dem Grenzstein fand Dich, einsam,
Kalt und todt der — Todtengräber.
Mit den rauhen, derben Händen
Trug er selbst Dich in das Stübchen,
Das bestimmt ist für die Leichen
Jener, die am Wege sterben;
Für die Gott- und Weltverlass'nen
Ist dies Stübchen, ist der Schragen. —
Morgen aber scharret ein Dich,
Dort im letzten Friedhofwinkel,
Einsam, wie er Dich gefunden,

Für gar kargen Lohn der Alte,
Er allein kann Dich verwerthen:
Tod ist Brot ihm! —
Und doch trug auf seinen Händen
Dich ein Mensch zum Ort des Friedens,
Und es schlug ein Menschenherz
Einmal doch an Deinem Herzen.....
Schaurig Mitleid: Dich verspottend
Noch im Tode, giebt er Dir nun,
Was im Leben Dir wohl nimmer
Ist geworden: Licht und Ruhe
Dach und Hände, die Dich nimmer
Von sich stoßen!....

Nacht bedeckt den kleinen Friedhof,
In dem dumpfen Leichenhause
Flackert ängstlich knisternd, zuckend,
Jener Lampe rothe Flamme,
Deren Schwanken mir ein Winken,
Dem ich folgte traumbefangen —
Und noch steh' ich in dem engen
Schaurig-öden, kahlen Stübchen, —
Ich alleine bei dem Todten! —

Letzte Lieder.

― ― ― ― ― ―

Und leise, traumhaft wieder
Die Harfe mir erklang,
Es sind die letzten Lieder,
Die ich hienieden sang.
Es ist von meinem Herzen
Gelöst der letzte Hauch
― ― ― ― ― ―
― ― ― ― ― ―

Alfred Teniers.

1.

Schwarz und still in meinem Hirn,
Schwarz und still in meiner Stube,
Nur der Pendel meiner Uhr
Hüpfet wie ein munt'rer Bube.
Plötzlich zuckt auf Deinem Bild,
Farblos, wie auf einem Grabe —
Ein verirrter Mondenstrahl,
Mahnt, daß ich noch Thränen habe.

II.

Ist es Friede, ist es Glück,
Was durch meine Träume zieht,
Unsichtbar, wie Blumenduft,
Leise, wie ein Kindeslied?

Kehrt die Jugend mir zurück,
Jene Sehnsucht, die mich mied,
Seit des Lebens kalte Luft
Mich und meine Seele schied?

III.

Durch die dicht verhängten Fenster
Dringt das dumpfe Wagenrollen,
Und verscheucht die Nachtgespenster,
Die im Traum mir nahen wollen.

Aber rauschend durch mein Zimmer
Wogt ein Meer von wirren Tönen,
Und aus all' dem Schmerzgewimmer
Hör' ich meine Seele stöhnen!

Hör' ich meine Seele weinen —
Nicht um dieses Leibes Sterben —
Doch es bangt ihr vor dem kleinen,
Müden, einsamen Verderben.

IV.

Über meinem Lager hängt,
Welk, bestaubt und abgestorben,
Ein beflorter Lorbeerkranz
Neben Myrthen, längst verdorben.

Und in meinem Fiebertraum
Schaute ich sie wieder blühen —
Und mich selber jugendfreudig
Unter ihrem Duft erglühen.

Aber ach, das Fieber schwand.
Welk, so wie mein eig'nes Leben,
Schaue ich die Kränze dort
Nur an dünnen Fäden schweben.

V.

Der alte Kampf ist ausgekämpft;
Weit hinter mir liegt jede Qual,
Es fiel in meines Lebens Frost
Der erste warme Sonnenstrahl.

Weit hinter mir liegt Groll und Leid
Durch milde Thränen aufgethaut.
Mein Auge hat zum ersten Mal
Die Wahrheit und das Glück geschaut.

VI.

Leg' auf mein Haupt, so fieberheiß,
Die kühle weiche Hand,
Mein brennend Antlitz wende leis'
Und sachte hin zur Wand;

Es ist so schwer mein Augenlied
Daß ich's nicht heben kann,
Und meine Lippe dürr' und müd'
O schaue mich nicht an! —

Wend' sachte mein Gesicht zur Wand;
Kann ich Dich auch nicht seh'n,
Fühl' ich doch Deine weiche Hand
Und Deines Athem's Weh'n.

VII.

Rasch durch das dunkle Zimmer huscht
Mein Vogel, traurig singend,
Er will hinaus in's Sonnenlicht,
Er zwitschert schüchtern-dringend.

Flieg' in die kalte fremde Welt,
Flieg' über Thal und Hügel,
Du kleiner Vogel, hast ja heut'
Noch ungebroch'ne Flügel. —

VIII.

Es pfeift der Wind sein frostig Lied,
Und eiserstarrte Tropfen
Wirft klirrend an die Scheiben er,
Die Kranken wach zu klopfen.

Die alte Frau an meinem Bett
Nickt müd', in Schlaf versunken,
Die Kohlen im Kamine sprüh'n
Bei jedem Windstoß Funken.

Aufhorchend knurrt der kleine Hund,
Um ächzend fortzuträumen,
Das Lampenlicht spielt flackernd roth
Mit der Tapete Bäumen.

Der nackten Göttin weißes Bild
Lacht höhnisch auf mich nieder.
Es pfeift der Wind — Gedanken zieh'n. —
Ich find' den Schlaf nicht wieder.

IX.

Leg' Du mich in den Sarg hinein,
    Schließ Du den Deckel zu,
Und hinter meinem Sarg allein,
    Geh' Du — Niemand als Du.
Den ich geliebt, und Leid's gethan
    Warst Du — uur Du allein. . . .
Komm' nie zu meinem Grabe Mann,
    Ich will vergessen sein.

Druck von Pontt & v. Döhren. Hamburg.

www.ingramcontent.com/pod-product-compliance
Lightning Source LLC
Chambersburg PA
CBHW020858160426
43192CB00007B/977